AF494229

1893 Mai 30

VENTE

APRÈS LE DÉCÈS

DE

CHARLES VOILLEMOT

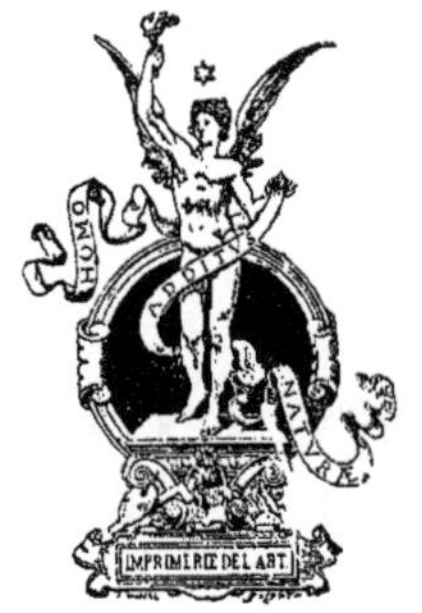
HOMO
ADDITVS
NATVRÆ
IMPRIMERIE DE L'ART

CATALOGUE

De la Vente après Décès

DE

CHARLES VOILLEMOT

Artiste-Peintre

TABLEAUX

AQUARELLES, DESSINS

MEUBLES ANCIENS ET MODERNES

ÉTOFFES, SOIERIES, TAPIS

Objets garnissant l'Atelier

OBJETS D'ART

HOTEL DROUOT, SALLE N° 6

Les Mardi 30 et Mercredi 31 Mai 1893

COMMISSAIRE-PRISEUR	EXPERT
M. G. COULON	**M. E. VANNES**
56, Faubourg-Montmartre, 56	54, Faubourg-Montmartre, 54

EXPOSITION PUBLIQUE

Le Lundi 29 Mai 1893, de 2 heures à 5 heures 1/2

CONDITIONS DE LA VENTE

Elle sera faite au comptant.

Les Acquéreurs payeront CINQ POUR CENT en sus des adjudications, applicables aux frais de la vente.

L'exposition mettant le public à même de se rendre compte de l'état des objets, il ne sera admis aucune réclamation une fois l'adjudication prononcée.

ORDRE DES VACATIONS

Mardi. . . . . Œuvres offertes. — Aquarelles et Tableaux de Voillemot.

Mercredi . . . Suite des Tableaux, Aquarelles, Études, Dessins. — Objets d'Art et d'Atelier. — Livres.

Paris. — Imp. de l'Art. E. Ménard et Cie, 41, rue de la Victoire

PRÉFACE

CHARLES VOILLEMOT

PEINTRE FRANÇAIS, ÉLÈVE DE DROLLING

Né à Paris en 1822

Chevalier de l'Ordre de la Légion d'honneur,
Membre de la Société des Parisiens de Paris.

C'est du regretté peintre Voillemot *qu'*Aurélien Scholl, *dans la délicieuse préface qu'il fit pour sa vente en 1886, disait :* Le Parisien doit s'inventer lui-même, car il est seul et doit se suffire dans le vaste désert d'hommes. *Jamais aphorisme ne fut plus vrai que pour* Voillemot, *dont les débuts furent très pénibles; ce peintre, Parisien jusqu'au bout des ongles, devait trouver sa voie dans ce que la nature fit de plus beau : la femme et la fleur; il excella à tel point dans la représentation fine et surtout charmeuse de ces deux consolations de l'homme, qu'il conquit à la pointe de son pinceau le titre de* peintre des amours et des roses. *C'était juste, car il sut mêler aux fleurs et entourer la femme qu'il peignit si bien d'essaims de ces petits êtres joufflus, espiègles et malins, comme l'exige l'exercice de la mission que Vénus leur confia.*

Nul mieux que Voillemot ne sut les faire crocheter les serrures, envahir par troupes les palais et les chaumières, ouvrir portes et fenêtres, et pénétrer partout où se trouve un cœur à séduire et à mettre à mal; leurs yeux profonds, au regard clair, vous disent sans réplique possible :

Qui que tu sois, voici ton maître :
Il l'est, le fut, ou le doit être.

Regardez-les, ses amours, et vous êtes pris, entortillés et conquis. Oui, Voillemot fut un Parisien sans patrie, comme tous les Parisiens d'ailleurs, et pourtant il s'en fit une d'une vaste amplitude : il prit le monde entier. Cela est si vrai, qu'il est impossible de visiter une capitale quelconque où il n'ait laissé la trace de son passage et de son talent. En Russie, où il fut traité en enfant gâté, que de demeures seigneuriales lui doivent qui un plafond, qui une vaste et belle décoration, ou quelques trumeaux charmeurs; pour n'en citer qu'une, le palais Soltikoff; puis à Santiago, puis en Espagne et dans mille autres lieux; car Voillemot ne fut pas qu'un peintre de valeur, il fut aussi un acharné au travail, et son œuvre est considérable.

Rien ne lui est étranger; il anoblit tout ce qu'il touche : le pastel, le dessin, l'aquarelle sont pour lui jeux d'enfant. C'est encore de lui que Scholl disait : « Un éventail de Voillemot est un printemps de poche, qui exhale en se déployant la brise de mai et les enivrements des premiers lilas. »

Il est impossible de rendre avec plus d'esprit et une touche plus délicate l'aspect de ce talent aux facettes brillantes comme celles du pur diamant.

Voillemot fut un dessinateur et un chercheur. Quand il eut trouvé l'Idée, il s'y accrocha avec énergie. Il eut raison : c'était pour lui la Renommée voulue et conquise par l'Expression raffinée, précise et pure de l'Amour, de la Femme et de la Fleur.

E. Vannes.

ŒUVRES OFFERTES

Par les amis de son mari

A

MADAME VOILLEMOT

DÉSIGNATION SOMMAIRE

1 — Albert (A.). Paysage.

2 — André (Charles). Paysage.

3 — Attendu (F.). Nature morte. Au pastel.

4 — Barrias. Un Gaucho de la République Argentine. Aquarelle.

5 — Benjamin-Constant. Dessin.

6 — Berthelon. Vue prise du Canal, au Tréport. Aquarelle.

7 — Bethune. Le Jardin botanique, à Bruxelles. Aquarelle.

8 — Canet. Marine.

9 — Chassevent. Paysage. Au fusain.

9 *bis* — Chassevent. Aquarelle.

10 — CLAIRIN. Aquarelle.

11 — DEPRÉ (ALBERT). Le Moulin. Paysage.

12 — DETAILLE. Charge du 4e Hussards. Belle lithographie avant toutes lettres. Épreuve d'artiste signée de la main du maître.

13 — DETOUCHE. La Pierre aux sacrifices. Lithographie originale tirée à douze exemplaires seulement.

14 — DROUET. Deux dessins à la sanguine. École de Pater et Tête d'après Greuze.

15 — DUPRÉ (JULIEN). Cour de ferme. Aquarelle.

16 — FEYEN (EUGÈNE). Retour de pêche, à Cancale.

17 — FRANÇAIS. La Moisson.

18 — FRÈRE (ÉDOUARD). L'Anon.

19 — FOURNIER. Sculpture.

20 — GÉROME. Jeune Femme au Harem.

21 — GUELDRY. Aquarelle.

22 — HENNER. Étude.

23 — JUNCKER. Tête bretonne.

24 — Lefèvre (Jules). Italienne. Dessin rehaussé de pastel.

25 — Letoula. Lithographie, épreuve d'artiste.

26 — Levasseur. La Musique. Bas-relief. Terre cuite.

27 — Lutz. Éventail.

28 — Mouillard. Chasseur de Vincennes.

29 — Morlot. Paysage.

30 — Muraton (Euphémie). Fruits.

31 — Nozal. Environs de Garches, en mai.

32 — Pasini. Marchand de lait bulgare. Aquarelle.

33 — Pomey. Femme du Calvados. Peinture.

34 — Quignon. Paysage.

35 — Renié (E.). Environs de Fontainebleau.

36 — Rochegrosse. L'Arrivée de Rebecca. Peinture.

37 — Roybet. Jeune Femme. Belle étude pour son tableau Charles le Téméraire. Salon de 1893.

38 — Saintin. Paysage.

39 — SIMON. La Crypte de l'Aquilon au Mont-Saint-Michel. Aquarelle.

40 — TROUILLEBERT. Paysage.

41 — VALADON. Nature morte.

42 — YON. La Sainte-Mare. Eau-forte.

Le Repos des Moissonneurs, d'après Jules Breton.

La Vache échappée, d'après Julien Dupré.

Ces épreuves sont de choix, avant toute lettre.

ŒUVRES DE VOILLEMOT

TABLEAUX

43 — Idylle printanière. Une jeune femme assise sous un pommier fleuri écoute les doux propos d'un petit amour ailé ; un jeune berger, mi-caché derrière elle, souffle dans ses pipeaux.

44 — Avril. Jeune femme, debout, semble, comme le printemps qu'elle symbolise, rejeter le voile qui cachait sa beauté ; autour d'elle, des pommiers en fleurs et des fleurs d'iris.

45 — Jeune Fille blonde, les épaules et la poitrine nues, écoutant une colombe blanche qui roucoule à son oreille.

46 — Même sujet que le précédent, mais plus grand.

47 — Le Rendez-vous. Sous une charmille fleurie, une jeune femme attend la venue de son galant ; son amie, aux aguets, semble lui annoncer son arrivée.

48 — Invasion. Une volée de petits amours font le siège d'une fenêtre fleurie sur laquelle roucoulent deux colombes; ils ont réussi à en forcer l'entrée; l'un d'eux, sa torche allumée, avant de pénétrer chante victoire et appelle ses frères à la rescousse; ils arrivent voletant et armés de leurs flèches et de leurs carquois.

49 — Paravent de quatre feuilles peintes, représentant les quatre saisons.

50 — La Cigale.

51 — Le Printemps.

52 — L'Automne.

53 — La Femme aux roses. Elle est étendue sur un tapis, nue et au milieu d'une jonchée de roses.

54 — Tête de femme couronnée de fleurs.

55 — La Tentation. Une jolie soubrette offre à son jeune compagnon, qui la regarde avec envie, une pomme.

Jolie composition dans le goût du XVIIIe siècle.

56 — Belle étude de femme à mi-corps, les épaules et la poitrine nues. Elle est assise et adossée sur une peau de tigre.

57 — Femme italienne.

58 — Femme italienne.

59 — Portrait de Mlle Marie Alexandre Dumas.

60 — La Femme au tigre. Étude.

61 — L'Enfant au sein. Étude.

62 — Le Trépied.

63 — Andromède.

64 — Jeunesse de Bacchus.

65 — Daphnis et Chloé.

66 — Nymphe et Satyre.

67 — Les Scènes galantes.

68 — Bords de l'Iton.

69 — Portrait de dame. Ovale.

70 — Fragment : Amours, d'après Murillo.

71 — La Tentation.

72 — Jeune Femme sous bois.

73 — Scène galante.

74 — Suzanne et les Vieillards.

75 — Fleurs.

76 — Portrait d'enfant.

77 — Résurrection de la fille de Jaïré.

78 — Le Rosaire; apparition de la Vierge à saint Dominique.

79 — La Convalescente.

80 — Naïade.

81 — Naïade. Même sujet que le précédent.

82 — La Vielleuse. Préparation.

83 — Fleurs et Fruits. En camaïeu.

84 — Paysage près de Fontainebleau.

85 — Andromède. Répétition.

86 — Scène galante. Répétition.

87 — L'Amour nu.

88 — Portrait de dame.

89 — Préparation pour un plafond de forme ronde. Environ cinquante études et préparations de tableaux et de décorations.

AQUARELLES

90 — L'Amour endormi.

91 — L'Amour désarmé.

92 — La Boite de Pandore.

93 — La Folle de Scio.

94 — Muse de la musique.

95 — Sapho.

96 — L'Éducation du jeune Pan.

97 — L'Amour messager.

Ces huit aquarelles ont été faites pour illustrer les Idylles d'André Chénier.

98 — Avril. Aquarelle du tableau n° 2.

99 — L'Invasion. Aquarelle.

100 — Portrait de jeune fillette.

101 — Le Rendez-vous.

102 — La Rieuse.

103 — La Rieuse.

104 — Composition dans l'esprit du xviiie siècle. Pendant qu'elle file au rouet, une vieille coquette reçoit, avec étonnement, une flèche que lui a décochée l'Amour.

105 — Les Propos galants.

106 — Jeune Seigneur en costume Henri II.

107 — Portrait d'une dame en costume genre Louis XV.

108 — Portrait d'une jeune dame.

109 — L'Offrande de l'Amour.

110 — Éventail.

111 — Jeune Paysan assis.

112 — Étude de la tête du précédent.

113 — Jeune Seigneur Henri II.

114 — Étude de jeune femme blonde.

115 — Tête de jeune garçon. Étude.

116 — Tête de jeune femme. Étude.

117 — Étude pour un tableau religieux.

118 — L'Enfant à la poupée.

119 — Le Menuet.

120 — Beaux éventails à l'aquarelle.

121 — Le Pommier, à Acquigny.

122 — La Saulaye.

123 — Étude d'arbres.

124 — Le Lavoir, à Acquigny.

125 — Pommier en fleurs.

126 — La Laveuse.

127 — Coin de rue, à Acquigny.

128 — Coin de rue, à Acquigny.

129 — Les Bords de l'Iton.

130 — Les Bords de l'Iton.

131 — Étude de pommiers.

132 — Les Laveuses.

133 — Maison normande.

134 — Vue d'Acquigny.

135 — Étude de lavoir.

136 — Capucines en fleurs.

137 — Roses et capucines.

138 — Branche de roses.

139 — Le Pichet.

DESSINS

140 — Portrait d'homme. Rehaussé.

141 — Portrait de femme. Rehaussé.

142 — Jeune Femme coiffée d'une mantille.

143 — La Sculpture. Dessin allégorique.

144 — Amours jouant à saute-mouton.

145 — Homme nu faisant sauter un jeune enfant. Dessin rehaussé.

146 — Six dessins. Études pour tableaux.

147 — Étude pour un plafond.

148 — Étude pour un trumeau.

149 — Portrait de jeune femme.

150 — Environ cinq cents dessins divers, placés sur bristol.

151 — La Nuit. Jeune femme debout; à ses pieds un Amour souffle sur sa torche pour en aviver la flamme.

152 — Le Sommeil. Jeune femme endormie assise sur un fauteuil.

153 — Jeune Femme, demi-nue, assise; elle indique à un petit amour l'objet de ses désirs.

154 — Environ quatre cents dessins, placés sur bristol.

MEUBLES ANCIENS ET MODERNES

OBJETS D'ART

155 — Bel éventail du temps de Louis XV, monture en ivoire repercé et sculpté, à feuille peinte de scènes pastorales.

156 — Grande psyché en acajou, d'époque Empire, ornée de bronzes dorés au mercure.

157 — Écran de l'Empire, orné de bronzes dorés.

158 — Table à jeu Louis XVI, à damier.

159 — Console Empire, en acajou et filets de cuivre.

160 — Armoire normande, formant bibliothèque vitrée.

161 — Armoire normande à portes pleines, en noyer.

162 — Dix pièces de cuivres et d'étains anciens. Fontaines, vases, pichets, pintes, etc.

163 — Deux plats en cuivre repoussé, d'époque Louis XIII.

164 — Meubles divers : canapés, divans, sièges, tables, bureaux, glaces.

ÉTOFFES, TAPIS

165 — Fragments de tapisseries anciennes, tissées et au point.

166 — Soieries anciennes, des époques Louis XIII, Louis XIV et Louis XV. (Sera divisé.)

167 — Morceaux de point de Hongrie.

168 — Un lot de babouches et chaussures anciennes et brodées.

169 — Costumes Louis XV et Louis XVI. (Ce lot sera divisé.)

170 -- Chasubles et chapes anciennes.

171 — Étoffes diverses d'artiste.

172 — Tapis anciens d'Orient.

LIVRES

173 — Recueil des Costumes d'après Van Dyck et Holbein. Londres, 1757, 2 vol.

174 — Le Livre d'or de Victor Hugo, tirage de luxe sur japon, n° 141. Librairie artistique à Paris, 1883.

175 — L'Art pour tous. 6 vol.

176 — Galeries de l'Europe, Rome, 1 vol. Paris, Lahure, 1857.

177 — L'Œuvre de Rembrandt, par Charles Blanc. Paris, Gide et Baudry, 1853 ; 3 vol.

178 — Six Albums photographiques ; Athènes, 2 vol. ; Égypte, 2 vol. ; Palestine, 1 vol. ; Syrie, 1 vol.

179 — Masques et Bouffons, illustré. Paris, Lévy, 1862, 2 vol.

180 — Balzac, 20 vol., Houssiaux, 1853.

181 — Herculanum et Pompei. Firmin Didot, 1851, 8 vol.

182 — Victor Hugo, 18 vol. Houssiaux, 1857.

183 — Victor Hugo. Les Quatre Vents de l'Esprit. 2 vol.

184 — Nombreux volumes reliés et brochés : Molière, Racine, Boileau, Métamorphoses d'Ovide, Noriac, etc., romans divers, etc., etc. — (Sera divisé.)

OBJETS D'ATELIER

185 — Dix huit chevalets divers à crémaillères, manivelles et autres.

186 — Quatre meubles à couleurs.

187 — Plâtres, bustes, statuettes, rondes bosses.

188 — Livres divers.

189 — Nombreux cartons de documents divers.

190 — Gravures anciennes.

191 — Objets divers d'atelier.

192 — Toiles, châssis, pinceaux, etc., etc.

193 — Sous ce numéro les objets omis au présent catalogue.

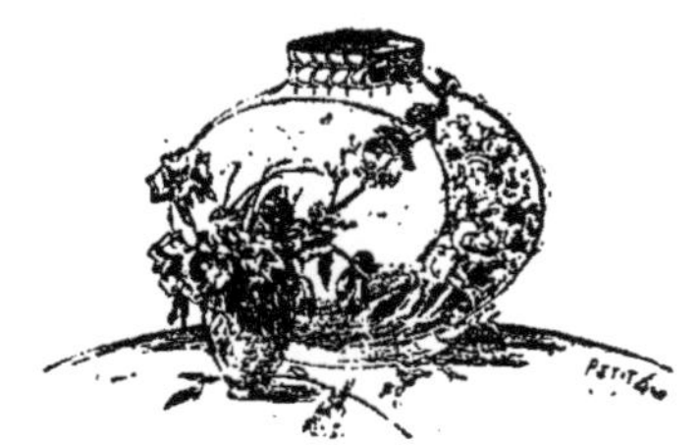

www.ingramcontent.com/pod-product-compliance
Ingram Content Group UK Ltd.
Pitfield, Milton Keynes, MK11 3LW, UK
UKHW020530180726
13839UKWH00005B/2429